KINDER
BUCH
VERLAG
LUZERN

Für Micky, Marius und Moritz

Schau mal

Barbara Wolf-Krause · Kerstin Meyer

Unser Essen

KINDERBUCH
VERLAG LUZERN

Inhaltsverzeichnis

Milch

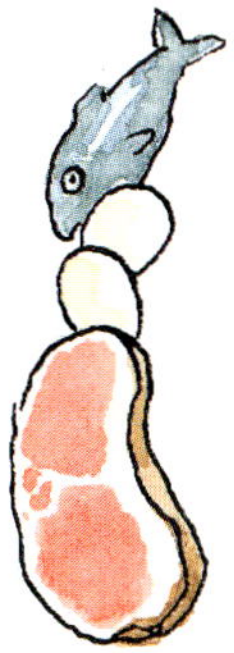

ÖL

Essen und trinken, um zu leben

Das sind die Zwillinge Max und Thea. Bald werden sie zehn Jahre alt und wollen zu ihrem Geburtstag ihre Freundinnen und Freunde einladen. Immer nur Hamburger, Pommes, Pizza und Limo, das ist den beiden zu langweilig, deshalb haben sie stapelweise Kochbücher gewälzt. Gefunden haben sie leckere Rezepte für ihr Gartenfest, die du leicht nachmachen kannst: Stockbrot, Papa Huancaina (ein Kartoffelgericht aus Peru), Gurken-Sahne-Dip, Sprossen, Früchtebowle und zum Nachtisch Erdbeereis. Für alle Gerichte wollen Max und Thea auch selbst einkaufen – auf dem Wochenmarkt.

Wenn du wie Max und Thea über den Wochenmarkt gehst, dann findest du dort fast alles, was es an Nahrungsmitteln gibt und was du täglich essen solltest: Getreideprodukte wie Brot und Kuchen, Kartoffeln, Gemüse, Obst, Milch und Milchprodukte wie Joghurt und Käse, Fleisch und Wurst, Geflügel, Fisch, Eier und Fett (zum Beispiel Butter).

Aus diesen Nahrungsmitteln zieht dein Körper sich die Stoffe heraus, die du brauchst. Damit versorgt, kannst du gut spielen, toben und lernen. Fett und Kohlenhydrate liefern Energie und heißen

SCHON GEWUSST?

Dein Körper besteht zu mehr als der Hälfte aus Wasser. Das Wasser wird als Transportmittel benötigt. Es bringt die lebensnotwendigen Nährstoffe zu deinen Organen und sorgt dafür, daß du im kleinen Zeh die gleiche Temperatur hast wie im kleinen Finger.

auch Brennstoffe. Den Baustoff Eiweiß benötigst du zum Wachsen. Eiweiß baut Körperzellen auf, zum Beispiel für deine Muskeln, und hält dich fit. Vitamine und Mineralstoffe werden auch Schutz- und Reglerstoffe genannt. Sie stärken das Abwehrsystem und ermöglichen den reibungslosen Ablauf aller Körperfunktionen. Dazu gehören zum Beispiel das Sehen und das gesunde Wachstum von Haaren und Fingernägeln. Ballaststoffe benötigst du für die Verdauung der Speisen und zum Sattwerden. Außerdem brauchst du täglich zwei bis drei Liter Flüssigkeit. Trinken mußt du aber nur ein bis eineinhalb Liter, den Rest nimmst du über Nahrungsmittel wie Obst und Gemüse oder auch Brot auf.

Wenn du jeden Tag das gleiche essen würdest, wärst du bald schlapp, müde oder sogar krank. Ißt du aber jeden Tag möglichst viele verschiedene Lebensmittel wie Obst, Joghurt, Gemüse, Brot, Kartoffeln, Reis oder Nudeln, dann ernährst du dich abwechslungsreich, und dein Körper hat alles, was er braucht.

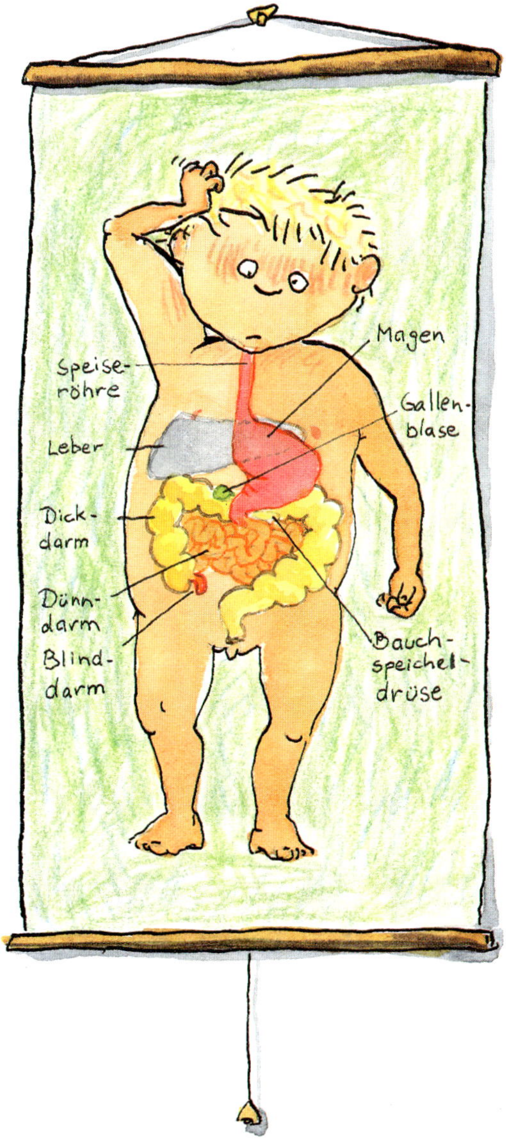

Getreide

Getreide enthält vor allem Stärke als Energiespender, aber auch wertvolle Mineralstoffe, wichtige Vitamine und Ballaststoffe. Die bei uns am häufigsten angebauten Getreidesorten sind Weizen, Hafer und Roggen, aus denen helles und dunkles Brot, Kuchen, Kekse und Nudeln gemacht werden. Aus Hafer werden zum Beispiel Haferflocken hergestellt, die du im Müsli findest.

Max und Thea mischen sich ihr Müsli selbst in einem großen Vorratsglas. Denn dann hat es genau den Geschmack, den sie am liebsten mögen, und sie brauchen morgens nur noch frisches Obst und Milch oder Joghurt dazuzugeben. Sie nehmen fürs Müsli Haferflocken, Cornflakes, Sesam, Kokosflocken, Sonnenblumenkerne, Nüsse, Rosinen und getrocknete Aprikosen.

Gerste ist ein bei uns etwas weniger verbreitetes Getreide. Man stellt daraus Graupen, Grütze und Malzkaffee her.

Dinkel ist ein Korn, das ziemlich in Vergessenheit geraten war, heute aber wieder häufiger angebaut wird. Wenn es unreif geerntet wird, heißt es Grünkern und wird zum Beispiel in der vegetarischen (fleischlosen) Küche als Grünkernküchlein zubereitet, die ähnlich schmecken wie Frikadellen.

Hirse gilt als eine der ältesten Kulturpflanzen. In Nordchina ist Hirsebrei die tägliche Speise der ärmeren Leute, die sich den Reis nicht leisten können. In unseren Küchen wird die gelbe Hirse immer beliebter, zum Beispiel als würziger Auflauf oder als süßer Nachtisch.

Mais wird bei uns meistens als Viehfutter angebaut, aber auch als Gemüsebeilage gegessen. In Mexiko und anderen Ländern Südamerikas werden daraus Maisfladen (Tortillas) gebacken, die mit Gemüse und Fleisch gefüllt sehr gut schmecken. Italiener essen die Polenta, die aus gekochtem Maismehl mit Salz zubereitet wird.

Max und Thea wickeln Stockbrot

Für 6 Brote brauchen sie:
250 Gramm Magerquark
1 Ei
1 Prise Salz
250 Gramm Weizenvollkornmehl
1 Päckchen Backpulver
6 nicht zu trockene Stöcke

Max vermengt Quark, Ei und Salz mit dem Knethaken des Handrührgerätes. Anschließend knetet er das mit Backpulver vermischte Vollkornmehl nach und nach unter. Danach knetet er den Teig nochmals gut durch und formt daraus zusammen mit Thea sechs Kugeln, die zwischen den Händen zu Schlangen gerollt werden. Die Schlangen wickeln Max und Thea in einer Spirale um die Stöcke. Nun müssen sie das Stockbrot über die Glut des Feuers oder des Grills halten und ständig drehen, damit es nicht anbrennt. Nach 15 bis 20 Minuten ist das Stockbrot fertig.

Tip: Aus diesem Teig kannst du auch Brötchen formen. Im vorgeheizten Backofen auf der mittleren Schiene bei 200 Grad zirka 20 bis 30 Minuten backen.

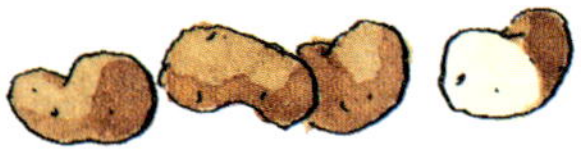

Kartoffeln

Die Kartoffel liefert deinem Körper Energie in Form von Kohlenhydraten. Sie ist reich an Vitaminen, Mineralstoffen und Ballaststoffen, besonders, wenn du sie als Pellkartoffel zubereitest.

SCHON GEWUSST?

Wenn man eine Kartoffelknolle einpflanzt, können im nächsten Jahr vierzig daraus werden.

Bis die Kartoffel nach Europa kam, war es ein langer Weg: Im ehemaligen Reich der Inka, dem heutigen Peru, wurden schon vor über 2000 Jahren kleine Kartoffeln angebaut. Die Indianer nannten sie „Papas“. Spanische Eroberer lernten die Kartoffel vor über 450 Jahren in den Anden kennen und nahmen sie als Proviant für ihre Fahrten zurück nach Spanien mit, wo sie dann auch angebaut wurde. Nach Deutschland kam die Kartoffel 1588. Der Botaniker C. Clusius pflanzte die Knolle in Frankfurt am Main im Botanischen Garten ein. Allerdings waren die Menschen damals eher an der Blüte dieser Pflanze interessiert und verwendeten sie als Zierpflanze in fürstlichen Gärten. Anfang des 17. Jahrhunderts war die Kartoffel eine besondere Delikatesse und Kostbarkeit, die hauptsächlich von Fürsten und Adligen der europäischen Höfe verspeist wurde. Zum Nahrungsmittel auch für die einfachen Leute wurde die Kartoffel während des Dreißigjährigen Krieges, weil es kaum noch etwas anderes zu essen gab. Es dauerte aber noch fast ein Jahrhundert, bis Friedrich der Große als erster europäischer Herrscher 1756 den Anbau der Kartoffel anordnete.

Kartoffeln kennst du heute als Salzkartoffeln und Kartoffelbrei. Bratkartoffeln, Pommes frites und Chips sind weniger gesund, weil sie mit viel Fett zubereitet werden. Probier doch mal Ofenkartoffeln auf dem Blech oder Grillkartoffeln in Alufolie mit saurer Sahne und frischen Kräutern!

Andere Länder – anderes Essen

Max und Thea waren bei Lisa, einem peruanischen Mädchen aus ihrer Klasse eingeladen. Von dort haben sie ein leckeres Kartoffelrezept mitgebracht. Sie waren neugierig, ob ihnen dieses Essen überhaupt schmecken würde, vor allem wegen der fremden Gewürze. Aber daß sie probieren würden, war klar.
Es gibt sicher viele Speisen aus anderen Ländern, die uns erst einmal komisch vorkommen, aber meistens lohnt es sich, sie trotzdem zu versuchen. Außerdem bietet ein gemeinsames Essen jede Menge Gesprächsstoff – über Land und Leute, Sitten und Gebräuche.

MACH MIT

Max und Thea bereiten das peruanische Gericht Papa Huancaina zu

Für sechs Personen brauchen sie:
18 Kartoffeln
1 Kopfsalat
6 hartgekochte Eier
etwa 18 schwarze Oliven zum Verzieren
4 Zwiebeln

Für die Soße:
600 Gramm Quark oder Hüttenkäse
(auch Schichtkäse)
1 Tasse Milch
6 Aji (scharfe Pfefferschoten)
1 1/2 Teelöffel Curcuma (Gelbwurz)
Salz und Pfeffer nach Geschmack

Max kocht die Kartoffeln mit der Schale ungefähr 20 Minuten. Um zu prüfen, ob sie weich sind, sticht er mit einem spitzen Messer hinein. Gleitet es gut wieder heraus, sind sie gar. Wärend die Kartoffeln kochen, zerlegt er den Kopfsalat in einzelne Blätter, wäscht sie gut und läßt sie abtropfen. Die Zwiebeln halbiert er und schneidet sie in Ringe.
Für die Soße rührt Thea den Quark mit der Milch cremig und fügt die sehr klein geschnittenen Pfefferschoten, das Curcuma, Salz und Pfeffer hinzu. Zusammen schälen Max und Thea die Kartoffeln, wenn sie ein wenig abgekühlt sind, und legen je drei auf ein Salatblatt. Dann geben sie die Soße über die Kartoffeln und verzieren das Ganze mit den halbierten hartgekochten Eiern, den Oliven und den Zwiebelringen.

Tip:
Wenn du scharfes Essen nicht so gerne magst, kannst du entweder weniger Pfefferschoten nehmen oder sie ganz weglassen.

Reis und Nudeln

Reis enthält viele Kohlenhydrate, wertvolles Eiweiß, Vitamine und Mineralstoffe. Er wird seit 5000 Jahren auf großen Reisfeldern angebaut, hauptsächlich in China und Indien, aber auch in Amerika. In vielen Ländern der Erde ist Reis ein Hauptnahrungsmittel. Es gibt etwa 8000 verschiedene Sorten. Bei uns werden aber nur zwei Sorten gegessen: Langkornreis wird auch Patnareis genannt und ist gekocht schön körnig. Rundkornreis gibt beim Kochen einen Teil seiner Stärke ab und ist deshalb weich und mehlig. Du kennst ihn als Milchreis. Lang- und Rundkornreis kannst du auch als Vollkornreis bekommen. Vollkornreis, der auch Naturreis genannt wird, ist bräunlich. Die einzelnen Körner sind von einem silbrig glänzenden Häutchen umgeben. Dieses Silberhäutchen enthält Eiweiß, Fett und wichtige Vitamine. Vollkornreis ist daher für unsere Ernährung besonders wertvoll. Bei uns wird der Reis meist poliert verkauft, also ohne das Silberhäutchen. Beim sogenannten Parboiled-Reis werden durch ein maschinelles Dampfdruckverfahren ein großer Teil der Vitamine und Mineralstoffe aus den Randschichten in das Korn hinein verlagert. So bleiben die wertvollen Nährstoffe erhalten, obwohl die Außenschichten beim Polieren entfernt wurden.

Max und Thea essen am liebsten Tomatenreis. Dazu kochen sie den Reis statt in Wasser in Tomatensaft. Das schmeckt lecker und sieht besonders lustig aus, wenn sie den Reis mit einem Eisportionierer zu Kugeln formen.

Die Italiener mögen Nudeln am liebsten „al dente". Die Nudeln sollen zwar gar, aber nicht zu weich gekocht sein, so daß die Zähne noch etwas zum Beißen haben.

Nudeln – das sind Makkaroni, Spaghetti, Penne, Farfalle, Rigatoni und wie sie sonst noch alle heißen. Der Teig für echte italienische Nudeln wird aus Hartweizengrieß, Wasser und Salz gemischt, geknetet und durch Formen gepreßt. So entstehen die verschiedensten Nudelsorten mit den lustigsten Namen. In Trockenschränken werden die Nudeln anschließend getrocknet.

Es gibt aber auch Eiernudeln, die aus Mehl oder feinem Grieß und der sogenannten Eiersuppe hergestellt werden. Für Vollkornnudeln wird statt weißem Mehl Vollkornmehl verwendet, das für unsere Ernährung besonders wertvoll ist.

Hunger auf der Welt

In vielen Ländern Afrikas, Asiens und Lateinamerikas, der sogenannten „Dritten Welt", haben die Menschen nicht mal täglich Brot zu essen. Viele ernähren sich von einer kleinen Schale Reis oder Hülsenfrüchten wie Bohnen und Linsen. Fleisch haben die wenigsten auf ihrem Tisch. Sehr viele Menschen hungern oder sind unterernährt. Ihnen fehlen wichtige Nahrungsbausteine, und deshalb werden sie krank oder sterben sogar. Jeden Tag sind es 40 000 Kinder, die an Hunger oder an den Folgen der Unterernährung sterben.

Es gibt viele Gründe, warum das so ist: In vielen Ländern wird nicht das angebaut, was dort für die Ernährung der Menschen wichtig wäre. Auf den Plantagen werden Tee, Kaffee, Kakao, Bananen und Viehfuttermittel wie Soja angepflanzt und in die Industrieländer verkauft. Von dem wenigen Geld, das die Landarbeiter für ihre Arbeit bekommen, können sie für sich und ihre Familien meistens nicht genug zu essen kaufen. Außerdem sind die Familien in den Ländern der „Dritten Welt" sehr viel größer als bei uns: Zehn oder mehr Kinder sind keine Seltenheit, denn die Kinder müssen später für ihre alten Eltern sorgen, da es keine Versicherungen oder Renten gibt wie bei uns.

Wichtig ist, daß sich alle Menschen in den reichen Ländern dieser Erde für mehr Gerechtigkeit und eine bessere Verteilung der Nahrung einsetzen und dafür, daß den Bauern gerechtere, also höhere Preise für ihre Waren gezahlt werden. Außerdem müßten die Felder und Plantagen so bepflanzt werden, daß ausreichend Lebensmittel für die dort lebenden Menschen angebaut werden könnten.

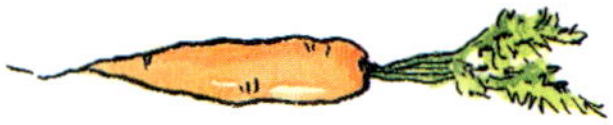

Gemüse

Wenn du dich gesund ernähren willst, gehört Gemüse einfach dazu. Es enthält eine Vielzahl von Vitaminen und wertvollen Mineralstoffen. Gemüse ist ballaststoffreich und sättigend, macht aber nicht dick. Viele Sorten kannst du roh oder als Salat essen. Dazu gehören zum Beispiel Möhren, Kohlrabi, Paprika, Radieschen, Gurken, Tomaten und grüner Salat. Wenn du täglich etwas Rohkost ißt, dann bleibst du fit.

Warmes Gemüse wie Spinat, Lauch, Kohlrabi, Blumenkohl, Rotkohl, Rosenkohl, Bohnen, Gemüsemais und Kürbis gibt es zum Mittagessen, in manchen Familien auch zum Abendbrot. Wichtig ist, gekochtes Gemüse nicht zu lange auf dem Herd stehen zu lassen, da sonst wertvolle Vitamine verlorengehen. Vitamine sind nämlich empfindlich gegen Hitze, Licht, Luft und Wasser.

Max und Thea knabbern gern rohes Gemüse. In eine Frischhaltebox packen sie sich für die Pause in der Schule ein: Paprika- und Tomatenviertel, Gurkenscheiben oder Kohlrabi-Ecken und Karottensticks statt Salzstangen und Müsliriegel.

MACH MIT

Max und Thea machen einen Gurken-Sahne-Dip

Sie brauchen dazu:
1/2 Salatgurke
1 Bund Schnittlauch
250 Gramm Speisequark (20% Fett)
2 Becher saure Sahne (je 200 Gramm)
Pfeffer, Salz und Paprikapulver nach Geschmack

Max schält die halbe Salatgurke mit einem Möhrenschäler und raspelt sie auf einer feinen Reibe in eine Schüssel.
Den Quark und die saure Sahne gibt er dazu und rührt alles kräftig durch. Thea hat inzwischen den Schnittlauch gewaschen, in Röllchen geschnitten und gibt ihn ebenfalls in die Schüssel. Für das Würzen ist Thea zuständig: ein bißchen frischgemahlener Pfeffer, etwas Salz und Paprikapulver.
Jetzt kann gedippt werden – entweder mit Karottensticks oder in Streifen geschnittenen Zucchini, Kohlrabistücken oder Paprikastreifen. Und wer nicht so auf Gemüse steht, dippt mit Weißbrot, Salzstangen, Kartoffelchips oder italienischen Grissini (knusprige Weizenstäbchen).

Salz, Gewürze und Kräuter

Jedes Essen wäre ohne Salz, Gewürze und Kräuter sehr fad. Aber es geht nicht nur um den Geschmack: Dein Körper benötigt Salz, um seinen Wasserhaushalt zu regeln. Allerdings ist es in vielen Lebensmitteln bereits in genügender Menge vorhanden, und zuviel zusätzliches Salz zerstört oft den feinen Geschmack der Speisen. Gewürze und Kräuter machen das Essen leichter verdaulich. Kräuter kannst du getrocknet oder frisch verwenden und auch im Garten anpflanzen: Schnittlauch, Petersilie, Liebstöckel, Kerbel, Pimpinelle, Zitronenmelisse, Pfefferminze, Basilikum, Thymian, Oregano und Rosmarin wachsen gut in unserem Klima. Sie schmecken frisch besser als getrocknet. Außerdem macht es Spaß, sich seinen eigenen kleinen Kräutergarten anzulegen. Wenn du keinen Balkon oder Garten hast, dann geht das auch in einem Blumenkasten auf der Fensterbank.

Die bei uns sehr viel verwendeten Gewürze sind Pfeffer, Muskatnuß, süßes Paprikapulver und Curry. Aber auch Zimt, Nelken, Ingwer, Safran und viele andere Gewürze gibt es getrocknet und gemahlen zu kaufen. Mit den meisten sollte man sehr sparsam umgehen, da sie sonst den Geschmack der Speisen überdecken.

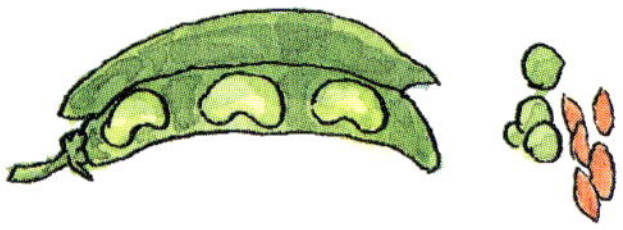

Hülsenfrüchte

Hülsenfrüchte wie Erbsen, Linsen, Bohnen und Sojabohnen enthalten wertvolles Eiweiß, B-Vitamine und Eisen. Eisen benötigst du vor allem für die Blutbildung. Wie Getreideprodukte und Gemüse haben Hülsenfrüchte viele Ballaststoffe, die wichtig für unsere Verdauung sind. Sie quellen im Magen auf und bewirken, daß du lange satt bist. Außerdem fördern sie die Darmbewegung.

Die Sojabohne wird auch „chinesische Bohne“ genannt und enthält neben besonders viel Eiweiß auch Fett. Sie wird in der fleischlosen Küche manchmal als Ersatz für tierisches Eiweiß und Fett gegessen – zum Beispiel als Sojamilch, Sojaquark (Tofu), Sojakäse und Sojamehl. Sojasoße wird zum Würzen für Suppen und Soßen verwendet.

Aus Linsen, Erbsen und Bohnen werden bei uns oft Eintopfgerichte zubereitet. In Indien werden aus getrockneten Erbsen Brote hergestellt oder frisch gekochte Erbsen zu gebratenem Quark gegessen. Auch Linsen und Bohnen finden sich in den Küchen der ärmeren Länder sehr häufig.

MACH MIT

Max und Thea züchten selbst Sprossen

Aus verschiedenen Körnern züchten Max und Thea selbst Sprossen. Sie verwenden Sonnenblumenkerne, Luzerne (Alfalfa), Radieschen- oder Kressesaat, Roggen, Weizen, Hafer, grüne Sojabohnen, Linsen oder Kichererbsen. Jede Sorte schmeckt anders. Die Samen gibt es in Naturkostläden.
Thea spült die Körner gut ab und läßt sie in Wasser in einem ausgekochten Weckglas oder einem speziellen Keimgefäß quellen. Nach einer Stunde gießt sie das Wasser ab und verschließt das Glas mit Mull und einem Gummi. Das Glas muß hell und luftig stehen, schräg mit der Öffnung nach unten. Thea spült die Körner morgens und abends mit Wasser ab und läßt sie gut abtropfen. Dazu stellt sie das Glas wieder schräg. Bei Zimmertemperatur kommen am zweiten Tag die ersten grünen Spitzen. Je nach Sorte sind die Sprossen nach drei bis fünf Tagen fertig. Max und Thea essen sie roh oder als Salat oder streuen sie über leicht gesalzenen Quark.

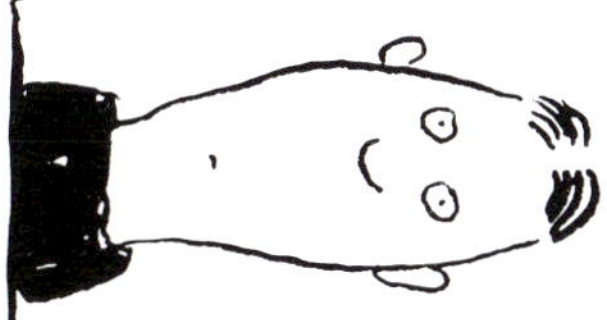

SCHON GEWUSST?

Sprossen sind richtige Vitaminquellen. Eine halbe Tasse Luzerne enthält soviel Vitamin C wie sechs Gläser frisch gepreßter Orangensaft.

Obst

Im Häuschen mit fünf Stübchen,
da wohnen braune Bübchen.
Nicht Tür noch Tor führt ein und aus.
Wer sie besucht, der ißt das Haus.
Was ist das ? (Apfel)

Erst weiß wie Schnee,
dann grün wie Klee,
dann rot wie Blut,
schmeckt allen Kindern gut.
Was ist das? (Kirsche)

SCHON GEWUSST?

Kiwis enthalten mehr Vitamin C als Orangen und Mandarinen.

Obst ist die Vitaminbar in deiner Ernährung. Es enthält vor allem Vitamin C, Mineral- und Ballaststoffe. Vitamin C schützt deinen Körper vor Krankheiten und hilft mit, daß Wunden besser heilen. Für den Süßhunger ist frisches Obst genau das richtige. Du kannst es in einer Frischhaltebox als Pausensnack mit in die Schule nehmen oder als Nachtisch unter Joghurt oder Quark mischen. Äpfel, Birnen oder Bananen schmecken auch im Frühstücksmüsli sehr lecker.
Max und Thea gehen manchmal auf den Wochenmarkt. Dort gibt es viele leckere Obstsorten: Erdbeeren, Trauben, Äpfel, Birnen, Pfirsiche, Aprikosen, Johannisbeeren, Himbeeren, Brombeeren, Stachelbeeren, Mirabellen, Kirschen,

Der Mensch im Nahrungskreislauf

Der Mensch belastet seine Umwelt durch Abgase, Abwässer und Gifte. Diese dringen ins Grundwasser ein, und Pflanzen nehmen diese Stoffe im Wasser durch ihre Wurzeln wieder auf. Nicht nur Tiere fressen diese Pflanzen, sondern auch der Mensch ernährt sich von ihnen und von den Tieren. So gelangen giftige und ungesunde Stoffe in geringen Mengen in den menschlichen Körper. Deshalb ist es gut, Obst und Gemüse aus kontrolliert biologischem Anbau zu kaufen. Sie sind zwar auch Umweltgiften ausgesetzt, werden aber ohne Kunstdünger und Schädlingsbekämpfungsmittel erzeugt. Deswegen sind sie gesünder.

Obwohl es das ganze Jahr über fast jedes Obst und Gemüse zu kaufen gibt, ist es besser, die Sorten zu kaufen, die gerade Saison haben: Salat, Tomaten, Gurken und Erdbeeren im Sommer, Äpfel und Birnen im Herbst, Rosenkohl und Grünkohl im Winter. Denn nur dann kommen die Produkte nicht aus dem Gewächshaus, wo sie nur mit viel Kunstdünger wachsen. Außerdem sind Gewächshäuser richtige „Energiefresser“, da sie im Winter beheizt und im Sommer gekühlt werden müssen.

Tip:

Frisches Obst und Gemüse, das du roh essen willst, mußt du gründlich waschen und mit einem Tuch gut abreiben. Denn Schadstoffe wie Blei befinden sich auf der Schale.

Pflaumen, Kiwis, Bananen, Orangen, Melonen. Auch viele exotische Früchte kann man bei uns kaufen: Ananas, Litschi, Papayas, Mangos, Guaven, Granatäpfel, Feigen, Datteln und viele andere. Bei dieser großen Auswahl fällt es dir sicher nicht schwer, täglich eine Portion Obst zu essen.

Obst und Gemüse aus fernen Ländern muß allerdings sehr weit transportiert werden, bis es bei uns am Marktstand liegt. Der Transport mit Flugzeugen und Lastwagen belastet unsere Umwelt mit zusätzlichen Abgasen. Deshalb kaufen Max und Thea meistens Obst und Gemüse, das bei uns angebaut wird und gerade Saison hat.

Getränke

Wie kann man Wasser in einem Sieb tragen? (gefroren)

Täglich zwei bis drei Liter Flüssigkeit brauchst du, um fit zu bleiben. Einen großen Teil davon nimmst du auf, ohne etwas zu trinken, und zwar durch Nahrungsmittel wie Obst, Gemüse und Brot. Ein bis eineinhalb Liter Flüssigkeit solltest du aber täglich trinken.

Die besten Durstlöscher sind Mineralwasser und ungesüßte Früchte- oder Kräutertees oder auch mit Mineralwasser verdünnte Obst- und Gemüsesäfte. Limonaden, Cola-Getränke, gesüßte Tees und Fruchtsaftgetränke enthalten viel Zucker, der dick macht und schlecht für deine Zähne ist. Außerdem bekommst du von stark gesüßten Getränken noch mehr Durst.

Max und Thea trinken im Sommer gern Buttermilch oder Dickmilch. Mit pürierten Früchten gemischt schmeckt sie besonders erfrischend, ist nicht zu süß und löscht gut den Durst.

Alles Frucht – oder was?

Fruchtsaft muß hundertprozentig aus Früchten hergestellt sein. Im Fruchtnektar ist nur noch ein Viertel bis die Hälfte reiner Fruchtanteil, der Rest sind Wasser und Zucker. Der Fruchtsaftanteil von Fruchtsaftgetränken liegt nur noch bei sechs bis dreißig Prozent pro Liter. Ganz wenig Frucht ist in Limonaden: nur noch drei bis fünfzehn Prozent je Liter, ansonsten viel Wasser und Zucker!

SCHON GEWUSST?

Eine Dose Cola enthält zwölf Zuckerwürfel.

MACH MIT

Max und Thea mixen Früchtebowle

Sie brauchen dazu:
1 Liter Früchtetee (Malven-, Hagebutten- oder Apfeltee)
1/2 Liter Apfelsaft
1 Apfel
1 Banane
1 Birne

Thea kocht den Früchtetee nach Packungsanleitung, läßt ihn abkühlen und füllt ihn in einen Krug. Dann gießt sie den Apfelsaft dazu. Max schält inzwischen den Apfel, die Banane und die Birne und schneidet das Obst in kleine Stücke. Er gibt es in den Krug, rührt alles noch mal gut durch und stellt die Bowle mindestens eine Stunde in den Kühlschrank.

Tip:
Du kannst natürlich deine eigene Lieblingsbowle erfinden – mit deinem Lieblingssaft und mit dem Obst, das du gerne magst.

Süßigkeiten

Marzipan beim Fahrradfahr'n

Bitte, bitte, etwas Süßes,
aber bunt muß es sein und muß gut schmecken.
Hab ich kein Eiskonfekt im Bauch,
mach ich die Augen gar nicht erst auf.
Ich trink 'ne volle Flasche Sirup aus,
sonst komm ich aus dem Bett gar nicht 'raus.
Und sind keine Lollies mehr im Schrank,
fühl ich mich ernsthaft krank.

Refrain:
Marzipan beim Fahrradfahr'n
Negerkuß im Regenguß.
Schokokeks für unterwegs
Karamel im Karussell.
Bitte, bitte, etwas Süßes, aber bunt muß es sein
und muß gut schmecken, auuuuhh, auuuuhh.

Wenn ich ein Brot mit Käse streich,
werden mir die Knie ganz weich.
Nur eines, das ist mir angenehm,
das ist ein Brot mit Schoko-Creme,
und eins noch gilt als schwacher Trost:
Gummibärchen auf dem Toast.

Osterhas und Nikolaus
halten sich nie lang im Haus.
Geh ich mal auf eine Reise,
trag ich im Rucksack Götterspeise,
und hab ich mal im Lotto Glück,
kauf ich mir 'ne Keksfabrik.

Will ich stark wie Tarzan sein
schieb ich mir ein Nuß-Eis rein.
Nie geh ich auf eine Feier
außer: es gibt Nugat-Eier,
und hab ich mal ein Loch im Zahn,
stopf ich es mit Marzipan.

Marzipan beim Fahrradfahr'n
Negerkuß im Regenguß.
Schokokeks für unterwegs
Karamel im Karussell.
Bitte, bitte, etwas Süßes, aber bunt muß es sein
und muß gut schmecken, auuuuhh, auuuuhh.
Marzipan beim Fahrradfahr'n
Negerkuß im Regenguß,
Schokokeks für unterwegs,
Karamel im Karussell,
Nuß-Krokant im Küchenschrank,
Spritzgebäck im Gepäck.

Himbeerbrause in der Pause,
Lutschbonbon auf dem Balkon,
in den Ferien Gummiberien,
Haferschleim bei Sonnenschein,
Magenbitter bei Gewitter, Kräutertee am Baggersee.
Marzipan beim Fahradfahr'n …
wo sind meine Nougat-Eier?

Wer diesen Liedtext liest, dem läuft wahrscheinlich schon das Wasser im Mund zusammen. Auch Max und Thea naschen gerne Schokoriegel, Kuchen, Kekse, Bonbons und Fruchtgummis. Daran ist zwar nichts auszusetzen, denn der Körper kann Zucker – und daraus bestehen Süßigkeiten hauptsächlich – in kleinen Mengen verkraften. Aber nicht so viel, wie die meisten Menschen zu sich nehmen.

Zucker, egal ob weiß oder braun, besteht aus einfachen Kohlenhydraten und liefert dem Körper zwar kurzfristig Energie, jedoch keine Nährstoffe. Zucker ist ein Vitaminräuber. Wer sich hauptsächlich von Süßigkeiten ernährt, wird dick, schlapp und krank. Außerdem wandelt sich Zucker im Mund in Säure um, die die Zähne angreift, und das gibt dann schlimme Löcher. Dagegen hilft nur: Öfter mal auf Süßes verzichten und nach dem Naschen immer die Zähne putzen oder wenigstens einen zuckerfreien Kaugummi kauen. Denn dabei entsteht viel Speichel, der die schädlichen Säuren verdünnt und wegspült.

Iß statt Süßigkeiten lieber mal frisches Obst: Dabei nimmst du nicht nur Zucker, sondern auch noch Vitamine zu dir. Außerdem wird Fruchtzucker im Mund langsamer abgebaut, so daß der Speichel die entstehende Säure unschädlich machen kann.

SCHON GEWUSST?

Zucker ist nicht nur in Süßigkeiten enthalten, sondern versteckt sich auch in anderen Nahrungsmitteln wie Ketchup, Senf, Kuchen und Kekse oder in Milchprodukten, die speziell für Kinder hergestellt werden.

Milch

Milch – Thea schüttelt es allein bei dem Gedanken daran, und Max ist ein regelrechter Milchfan, der täglich seinen Liter braucht. Milch enthält jede Menge Eiweiß, nervenstärkende B-Vitamine und vor allem Kalzium, das besonders für den Aufbau und Erhalt von Knochen und Zähnen wichtig ist. Wer nicht auf Milch steht, kann statt dessen auch Joghurt oder Quark löffeln oder aber Käse essen. Lecker schmecken auch Dickmilch oder Buttermilch mit pürierten Früchten oder auch mal ein Milchspeiseeis.

Und wie kommt das Eis in die Tüte? Das zeigt ein Blick in die Hallen einer großen Eisfabrik. Durch ein fast schon verwirrendes System von Edelstahlrohren werden alle benötigten Zutaten zu großen Rührgeräten befördert und vermischt. So entsteht der sogenannte Mix, der bei ungefähr 75 ° Celsius kurz erhitzt und dann sofort auf zwei bis vier Grad Celsius abgekühlt wird. Dieser Vorgang heißt Pasteurisierung. Dadurch und durch das anschließende Tiefkühlen wird das Speiseeis haltbar.

Danach gelangt der Mix über Rohrleitungen zu den „Freezern“. In diesen Gefriermaschinen wird in die Eismasse auch Luft eingeschlagen, damit sie schön locker und cremig wird. Anschließend wird das Speiseeis in Becher, Hörnchen oder Formen abgefüllt.

In großen Tankwagen wird die Milch angeliefert, die Hauptbestandteil der meisten Speiseeissorten ist.

Für den Geschmack der verschiedenen Eissorten sorgen Vanilleschoten, Nüsse, Kakaopulver, Schokoladenstückchen, Zucker und viele verschiedene Obstsorten, die in Säcken oder als tiefgekühlte Blöcke zur Eisfabrik kommen.

Bei der Qualitätskontrolle werden Proben entnommen und auf Krankheitserreger und Verunreinigungen geprüft.

Von oben nach unten: Die fertig ausgeformten Eisriegel werden mit echter Milchschokolade überzogen und verschwinden dann sofort in ihrer Verpackung.

Die im Freezer vorgefrorene Eismasse wird in Hörnchen abgefüllt.

Stieleis wird an den Stielen automatisch aus den Formen gezogen.

Je nach Sorte erhält das Eis noch eine Frucht- oder Schokoglasur.

Zum Reinbeißen: das fertige Eis.

MACH MIT

Max und Thea machen Erdbeereis

Sie brauchen dazu:
100 g steifgeschlagene Sahne
200 g Joghurt
80 g Zucker
200 g frische oder tiefgefrorene Erdbeeren

Max ist Spezialist, wenn es um das Rühren von Eiskrem geht. Wenn Erdbeeren gerade Saison haben, verwendet er für sein Lieblingseis frische Erdbeeren. Er wäscht und putzt sie und zerdrückt sie dann mit der Gabel. Mit tiefgefrorenen Erdbeeren geht das ebenso gut und schmeckt genauso lecker. Max läßt sie ein bis zwei Stunden auftauen und zerdrückt sie ebenfalls mit der Gabel. Anschließend verrührt er Joghurt, Zucker und die steifgeschlagene Sahne. Die zerdrückten Erdbeeren hebt er vorsichtig unter. Die Eismasse füllt Max in Schälchen mit Deckel und stellt sie ins Tiefkühlfach. Der Eisspezialist rät: Das Eis schmeckt am besten ein bis zwei Stunden nach dem Einfrieren!

SCHON GEWUSST?

Im Durchschnitt gibt eine Kuh zwischen 4000 und 7500 Liter Milch pro Jahr.

Fleisch, Fisch und Eier

Hauptbestandteile von Fleisch, Geflügel, Fisch und Eiern sind tierisches Eiweiß und Fett; Fisch und Eier enthalten außerdem den Mineralstoff Jod, der für die Funktion der Schilddrüse wichtig ist. Bekommt sie zuwenig Jod, kann es zu einem Kropf kommen, einer Vergrößerung der Schilddrüse im Hals.

Max mag gar kein Fleisch, nur ab und zu ein bißchen Wurst. Wenn es aber nach Thea ginge, gäbe es jeden Tag Steak, Kotelett, Braten oder Schnitzel. Aber sie weiß auch, daß es nicht gesund ist, zuviel Fleisch zu essen. Fleisch und Wurst enthalten zwar auch viel Eisen, das für die Blutbildung wichtig ist. Aber: In Fleisch und besonders in Wurst versteckt sich auch jede Menge Fett, und davon bekommt unser Körper mehr als genug.

Weil Eiweiß der wichtigste Baustein deines Körpers ist, aus dem Haut, Haare, Muskeln und Sehnen aufgebaut sind, brauchst du jede Menge davon. Aber Eiweiß kommt nicht nur in Fleisch, sondern auch in vielen anderen Nahrungsmitteln wie in Fisch, Getreide, Hülsenfrüchten und Milch vor. Wenn du möglichst viel davon ißt, brauchst du weniger Fleisch.

Zum Geflügel gehören Hähnchen, Pute, Truthahn, Gans, Ente und Tauben. Wie Schweine, Rinder und Kälber werden sie heute vorwiegend in Massen gehalten. Zu Hunderten werden sie in enge Ställe oder Boxen gepfercht und sehen in ihrem kurzen Leben meistens nicht mal eine grüne Wiese. Die Tiere haben keinen Auslauf mehr. Unter solchen Lebensbedingungen breiten sich ansteckende Krankheiten rasch aus. Deshalb bekommen die Tiere häufig Medikamente, von denen unter Umständen auch Reste in dem Fleisch enthalten sind, das du ißt. Außerdem entspricht die Massentierhaltung nicht dem, was man unter artgerechter Tierhaltung versteht. Denn ein Tier braucht wie der Mensch auch Platz, Licht und Luft zum Leben. Wie du siehst, gibt es also mehrere Gründe, nicht so häufig Fleisch zu essen.

SCHON GEWUSST?

Es gibt auch Menschen, die auf Fleisch völlig verzichten. Das sind die Vegetarier. Sie essen nur Obst und Gemüse, Vollkornprodukte, Kartoffeln, Reis und Nudeln, Getreide, Eier und Milchprodukte.

Tip: Zwei- bis dreimal in der Woche eine kleine Portion Fleisch oder Geflügel ist für deinen Körper ideal.

Fisch ist leichter verdaulich als Fleisch und weniger fett. Außerdem enthält Fisch den Mineralstoff Jod, der für die Schilddrüsen wichtig ist. Deshalb solltest du möglichst zweimal wöchentlich Fisch essen, zum Beispiel Seelachs, Rotbarsch, Kabeljau oder Hering, am besten gedünstet oder gebraten.

Jeden Tag ein Frühstücksei oder auch mal zwei? Obwohl Eiweiß sehr wichtig für dich ist, solltest du nicht täglich Eier essen. Denn Eier enthalten nicht nur Eiweiß, sondern auch Fett. Wenn du gerne ein Ei essen möchtest, dann eins von „glücklichen Hühnern", die nicht in engen Legebatterien leben müssen, sondern draußen frei herumlaufen können.

Es gibt immer mehr Bauern, die ihre Tiere artgerecht halten. Dort gibt es Fleisch, Eier und Geflügel zu kaufen, das allerdings auch teurer ist als im Supermarkt. Max und Thea haben sich mal auf einem Bio-Bauernhof umgeschaut und dort Eier, Milch, Kartoffeln und Wurst eingekauft.

Was denkt die Maus am Donnerstag?

Was denkt die Maus am Donnerstag,
am Donnerstag,
am Donnerstag?
Dasselbe wie an jedem Tag,
an jedem Tag,
an jedem Tag.
Was denkt die Maus an jedem Tag,
am Dienstag, Mittwoch, Donnerstag
und jeden Tag,
und jeden Tag?
O hätte ich ein Wurstebrot
mit ganz viel Wurst
und wenig Brot!
O fände ich zu meinem Glück
ein riesengroßes Schinkenstück!
Das gäbe Saft,
das gäbe Kraft!

Da wär ich bald nicht mehr mäuschenklein,
da würd ich bald groß wie ein Ochse sein.
Doch wär ich erst so groß wie ein Stier,
dann würde ein tapferer Held aus mir.
Das wäre herrlich,
das wäre recht –
und der Katze,
der Katze ginge es schlecht!

Josef Guggenmos

Fett

Als Brennstoff braucht der Körper Fett, damit du spielen und dich warm halten kannst. Butter, Margarine, Speiseöle und Schmalz sind Fette. Aber Fett kommt in unserer Ernährung nicht nur in sichtbarer Form vor. Es versteckt sich vor allem in bestimmten Wurst- und Käsesorten, in Pommes frites, in Kuchen und Gebäck, Schokolade und in Knabbersachen wie Chips und Erdnüssen. Oft bekommt der Körper mehr Fett, als er benötigt.

Obwohl Max und Thea das wissen, lieben sie Pommes und hauen auch bei Chips und Erdnußflips gerne mal so richtig rein. Natürlich nicht allzu oft, denn bei so viel Fett kann einem richtig schlecht werden.

Speiseöle werden aus vielen verschiedenen Früchten und Saaten hergestellt. Sonnenblumenkerne, Sojabohnen, Oliven, Erdnüsse, Maiskeimlinge, Walnüsse, Sesam und Disteln geben den Ölen ihren Geschmack. Am besten kann man das herausschmecken, wenn man Salat öfter mal mit einem anderen Öl zubereitet, denn beim Kochen oder Braten geht der oft feine Geschmack meistens verloren.

Butter wird aus Milch gewonnen. Beim Buttern wird der Rahm ständig geschlagen, und gleichzeitig, sozusagen als Nebenprodukt, entsteht die Buttermilch.

Aus verschiedenen Pflanzenölen wird die Margarine gemacht. Manche Leute essen sie auf dem Brot lieber als Butter. Außerdem wird Margarine oft zum Backen von Kuchen und Plätzchen benutzt.

SCHON GEWUSST?

Leberwurst müßte eigentlich Fettwurst heißen, denn je nach Zubereitung besteht sie zu 60 bis 80 Prozent aus Fett.

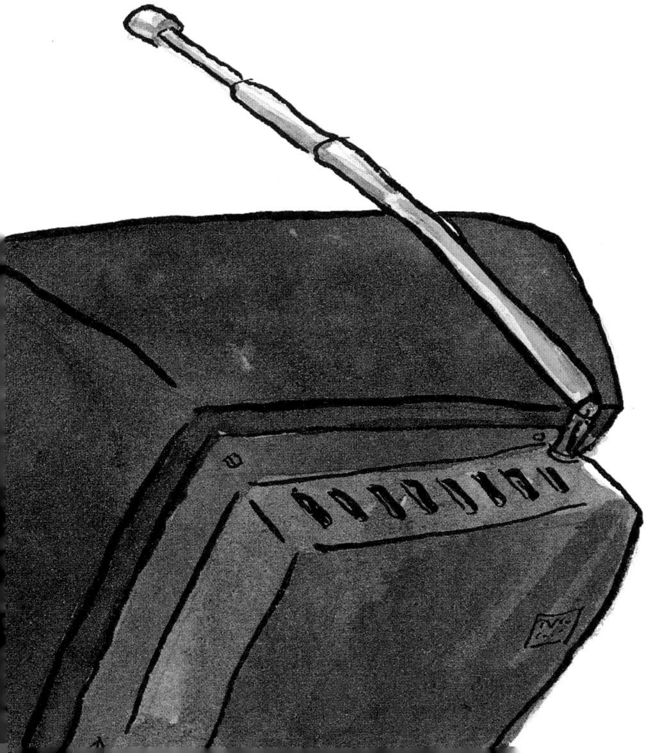

Der Vielfraß

Morgens Grießbrei, Brot und Fladen,
mittags dreizehn Rindsrouladen,
abends Speck und Wurstsalat
machen mich noch lang nicht satt.

Ah, wenn all die Speisen dampfen,
mag ich schlecken, schmatzen, mampfen.
Ess' ich, weil ich essen muß?
Nein, es ist ein Hochgenuß!

Kirschen mag ich, süß und sauer,
Birnen, Äpfel ... Aua, aua,
Bauchweh zwickt mich fürchterlich.
Schnell zum Arzt, sonst sterbe ich.

James Krüss

Max und Thea liegen müde und satt im Bett. Es war ein tolles Gartenfest, sie haben schöne Geschenke von ihren Freundinnen und Freunden bekommen und super Spiele gespielt. Aber das Beste war, daß allen ihr Geburtstagsmenü geschmeckt hat, auch wenn einige erst mal komisch geguckt haben, weil es eben nicht das Übliche zu essen gab. Zufrieden schlafen die beiden ein. Max träumt von Stockbrot, Früchtebowle und Erdbeereis und Thea … von Hamburgern, Pommes, Pizza und Limo!

Barbara Wolf-Krause · Kerstin Meyer
Schau mal: Unser Essen

Printed in Switzerland
ISBN: 3-276-00153-5
Bestellnummer: 19 00153

Der Abdruck der Gedichte und des Liedes erfolgte mit freundlicher Genehmigung von Josef Guggenmos, Irsee (S. 29) – International Literatur Bureau, Hilversum (S. 31) – Trio Kunterbunt (Text u. Musik S. 22)

Bildnachweis: Alle Illustrationen von Kerstin Meyer. Die Fotos auf den Seiten 24 bis 26 wurden freundlicherweise zur Verfügung gestellt durch Langnese, Hamburg.
Fachliche Beratung: Rosita Harder, Ernährungswissenschaftlerin

Die Deutsche Bibliothek – CIP-Einheitsaufnahme

Unser Essen / Barbara Wolf-Krause. [Ill.: Kerstin Meyer].–
Luzern ; Aarau : Kinderbuchverl., 1996
(Schau mal)
ISBN 3-276-00153-5
NE : Wolf-Krause, Barbara; Meyer, Kerstin

KINDERBUCH VERLAG LUZERN

Hingucken und staunen:

Alltägliche Dinge haben oft einen erstaunlichen Weg genommen, bevor sie zu uns gelangen. Die Reihe »Schau mal« nimmt neugierige Kinder mit auf eine spannende Erlebnisreise und erlaubt mit gut verständlichen Texten und anschaulichen Fotos einen Blick hinter die Kulissen.

Gabi Kohwanger

Schau mal: Unser Brot

4. überarbeitete und ergänzte Auflage 1993
32 S., Gebunden.
mit zahlreichen Farbfotos und Illusrationen
ISBN 3-276-00124-1

Eine herrliche Sache ist das, in ein frisches Stück Brot oder Brötchen zu beißen. Wie sie gemacht werden erfährt man in diesem Buch: der lange Weg vom Getreidekorn bis zum duftenden Brot, über die Erfindung der Brotbackkunst und ihre Verbreitung in der ganzen Welt.

Heiderose und
Andreas Fischer-Nagel

Schau mal: Unsere Wolle

4. überarbeitete und ergänzte Auflage 1995
32 S., Gebunden.
mit zahlreichen Farbfotos und Illustrationen
ISBN 3-276-00145-4

Ein Schaf muß nie frieren oder schwitzen, denn seine Wolle hält Kälte und Hitze, Wind und Regen ab. Diese Eigenschaften der Wolle machen sich Menschen auf der ganzen Welt schon seit Tausenden von Jahren zunutze.
Wie aber wird aus der Schafwolle ein Pullover?

Ein lebendiger Text und viele anschauliche Fotos erzählen, was passiert, nachdem das Schaf seine Wolle lassen mußte.